AF243277

QUESTIONS D'AVENIR.

DEUXIÈME LETTRE A M. THIERS.

QUESTIONS D'AVENIR.

DEUXIÈME LETTRE A M. THIERS

PAR UN PAIR DE FRANCE.

La France peut tout ce qu'elle veut.

NAPOLÉON.

PARIS

CHEZ LEDOYEN, LIBRAIRE, PALAIS-ROYAL.

GALERIE D'ORLÉANS, N° 30.

DELAUNAY,
AU PALAIS-ROYAL.

POUGIN,
QUAI DES AUGUSTINS, 49.

AVRIL 1840

QUESTIONS D'AVENIR.

DEUXIÈME LETTRE A M. THIERS

PAR UN PAIR DE FRANCE.

MONSIEUR,

A dater du jeudi 26 mars, journée mémorable du vote des fonds secrets par la Chambre élective, c'est vous, et vous seul, qui gouvernez la France.

Vous gouvernez en dépit des hommes les plus distingués, qui, dans ces derniers temps, ont dirigé les affaires de la nouvelle dynastie. Le pouvoir se trouve consolidé entre vos mains, à la suite d'une lutte dans laquelle de justes préventions, des craintes fondées, une susceptibilité honorable, des haines généreuses, non moins que d'ignobles ressentiments et les sourdes intrigues de l'égoïsme ou les bassesses d'une jalouse rivalité, avaient réuni toutes leurs forces pour essayer d'anéantir une position dont l'histoire parlementaire n'offre point d'exemple. Vous triomphez de la haute rancune de puissants personnages réduits à vous voir présider, le 1ᵉʳ mars, aux destinées d'un grand peuple, mais bercés du vain espoir d'applaudir à votre chute avant trois semaines. Trois semaines vous ont suffi pour organiser un durable succès.

Quand vous recevrez mes félicitations, mes vœux sincères et les avis désintéressés de ma vieille amitié, peut-être quelquefois importune, mais toujours accueillie auprès de vous en considération de la droiture et de la pureté des sentiments qui m'animent, nous aurons vu s'achever la quarante-deuxième soirée après la naissance du nouveau Cabinet. Mais je ne vous regarde comme installé au fauteuil de la présidence réelle que depuis dix-sept jours. Je ne veux point juger prématurément le ministre occupé encore à se débattre contre les dernières difficultés créées sous ses pas. Je hais la précipitation; j'attends. Vous n'avez rien fait jusqu'ici, parce qu'on ne vous a pas laissé le temps de regarder autour de vous. Plus tard j'aurai à vous adresser une autre lettre : nous compterons alors.

La France peut tout ce qu'elle veut.

Vous, Monsieur, vous pouvez aujourd'hui tout ce que réclament l'honneur et les intérêts de la France.

Et c'est de ce point que nous partirons un autre jour, pour examiner quels avantages nous aurons tirés de la victoire du dernier ministre de 1830 dont l'avénement nous permît encore l'espérance.

Au moment même où le roi signait l'acte qui vous remet à la tête du ministère, une année venait de s'écouler depuis la publication d'une première lettre que je vous écrivis, Monsieur, sous le titre de *Question politique.* Cette brochure, datée du dernier février 1839, appelait votre attention sur le véritable état des affaires avant les débats de la Chambre qui devait sortir des nouvelles élections. Je venais de lire votre circulaire aux électeurs d'Aix, dont vous sollicitiez les suffrages pour la huitième fois. J'avais présent à l'esprit votre discours qui renversa le ministère Molé, en amenant la dissolution parlementaire. Je pris à tâche de vous démontrer que vous étiez tombé dans une erreur funeste, en jugeant peut-être avec des préventions fâcheuses plusieurs questions importantes qui s'agitaient alors. Je blâmai à la fois et le système de vos adversaires et celui que vous cherchiez à faire prévaloir, pour ce qui concernait quelques-unes de nos alliances politiques. Je traitai mon sujet d'une manière qui vous a paru neuve et hardie. Vous eûtes la politesse de répondre, par un billet manuscrit et particulier, à ma lettre publique et imprimée. Cette réponse fut ce que je devais attendre de vous, spirituelle, bienveillante, ingénieuse, et en même temps réservée. Je ne pouvais me flatter d'obtenir d'un politique habile, placé dans une position délicate, qu'il se prononçât plus ouvertement sur des matières si graves, et qu'il me fît connaître l'effet que mes raisonnements avaient produit sur sa raison. Quoique persuadé, sans aucun doute, de ma discrétion, et bien certain qu'il n'était pas même besoin de m'inviter à laisser au fond d'un tiroir fermé à tout œil profane l'accusé de réception destiné à moi seul, vous eûtes soin, et je ne m'en plains pas, de garder le secret sur le parti que vous pourriez prendre un jour, si mes prévisions venaient à se réaliser dans un temps où votre voix aurait à se faire entendre au sein des conseils de la France, et avec plus d'efficacité qu'à la tribune.

Chargé d'un nouveau mandat législatif par le collége électoral de la ville d'Aix, vous parûtes à la Chambre comme député inactif et silencieux, dans l'attente d'un plus beau rôle. Bientôt, déserteur de votre banc lors de la discussion du budget, fuyant le tumulte et les embarras de Paris à une époque choisie avec l'habile perspicacité que le ciel vous a départie, on vous vit empressé d'aller recevoir sur la grève sablonneuse d'Ostende les hommages de votre humble courtisan, Léopold de Belgique, le prévoyant préfet anglais de Bruxelles.

Sous le ministère *de l'émeute* vous ne parûtes occupé que du soin de recueillir des matériaux pour votre *Histoire du Consulat et de l'Empire*.

Le triste cabinet improvisé au milieu des barricades et des combats nous laissait au même point où nous avait trouvés la matinée du 12 mai 1839. Nous étions tranquilles et calmes, pleins de sécurité, comme dans la soirée du 11 mai. Tout à coup la demande imprudente d'une dotation et d'un douaire, en faveur d'un mariage que réprouve le sentiment national, vient troubler notre douce quiétude. Vos amis refusent, au nom du pays tout entier, ce malencontreux subside; et vous, Monsieur, vous rentrez au pouvoir sous des auspices populaires, avec l'engagement positif, quoique tacite, de ne jamais blesser l'opinion publique par de pareilles tentatives.

Le rejet de la dotation Nemours-Cobourg et la retraite forcée d'un ministère-machine ont produit plus d'un effet remarquable. Si la France électorale y a vu avec joie un gage inespéré d'indépendance de la part de ses mandataires, les cours de l'Europe, jusque-là mal informées peut-être de notre position réelle, ont pu apprendre alors que le chef de la famille d'Orléans n'est pas précisément roi de France; que, dans la onzième année du règne de la nouvelle Charte, Louis-Philippe est roi comme il l'était huit jours après la Révolution de juillet; que la Chambre élective n'a rien perdu encore de sa puissance. Voilà des convictions acquises, bien propres à résoudre plusieurs questions restées douteuses aux yeux de la diplomatie étrangère.

La discussion des fonds secrets, qui a consolidé l'œuvre des débats sur le domaine privé, en raffermissant l'autorité du nouveau modérateur suprême de notre diplomatie nationale, ne sera pas moins féconde en précieux enseignements. On y a épuisé, dans les trois journées de mars 1840, la polémique née du mot célèbre lancé par vous, Monsieur, au milieu du monde futile où s'agitent les plus graves intérêts de la société humaine.

Le roi des Français ne *gouverne* pas. C'est un point démontré maintenant. Il *règne*, le roi de 1830; il règne en vertu des pouvoirs qu'il tient de la Charte, modifiée le 7 août par le vote d'une Chambre de Députés nommés sous Charles X; vote qui ne put être confirmé par la majorité d'une Chambre intégrale des Pairs, puisqu'on avait annulé préalablement la nomination de tous les membres de la pairie appelés, depuis la mort de Louis XVIII, à siéger sur les bancs du Luxembourg.

Vainement le roi Charles X, qui avait occupé le trône depuis 1824, et son fils qui devait y monter après lui, abdiquèrent en faveur du jeune duc de Bordeaux, désigné par son aïeul et par son oncle comme roi légitime, sous le nom de Henri V. Par une mesure improvisée, dont personne à cette époque ne calcula sans doute la portée, il se trouve que, seuls parmi les représentants de notre aristocratie expirante, cette fraction de Pairs du règne de Louis XVIII qui avaient adhéré à la déchéance de son frère, et les personnages qui, de 1830 jusqu'à présent, ont été successivement élevés à la suprême et inamovible dignité législative, sont reçus à participer avec les représentants électifs aux actes du Gouvernement parlementaire déclaré tout-puissant, Gouvernement placé par vous, Monsieur, au-dessus de la Charte, quand vous avez prononcé, du haut de la tribune, ces paroles significatives : « Je n'ai pas cessé de penser que, quand « un Cabinet avait présenté une loi, et que cette « loi avait été votée par les Chambres, on ne pou- « vait pas prétendre que la Charte eût été violée. »

Votre journal intime, dépositaire de vos secrets, le vieux *Constitutionnel,* nous apprend que, dans les 246 voix en faveur des fonds secrets, ou plutôt en faveur de votre dictature, contre les 160 de la minorité, 156 appartenaient à la gauche ou au centre gauche, et qu'il faut y ajouter 8 membres des mêmes fractions sur lesquels vous auriez pu compter s'ils n'eussent pas été absents. On ne nous dit point de quelle couleur sont les 90 votants que l'on compte pour aller de 156 à 246. Mais si, à la majorité réelle des 86 boules du 26 mars, nous ajoutons les 8 voix absentes que *le Constitutionnel* vous garantissait, et si les 94 députés dont se fût composée votre majorité en cette circonstance devaient rester fidèles à votre drapeau, quelles seraient donc les bornes où s'arrêterait l'empire d'un cabinet dirigé par vous ? Mes dignes et nobles collègues du Luxembourg montreraient, je crois, peu d'ardeur à combattre le ministre entouré d'une autorité si imposante ; et, quelles que fussent vos tentatives, appuyées de tous les suffrages réunis, on ne serait jamais fondé à les condamner sous prétexte d'un article de notre pacte fondamental.

Je ne me suis donc pas trompé : la France peut tout ce qu'elle veut, et vous pouvez tout ce que veut la France.

Il ne s'agit plus que de connaître la volonté nationale.

Un de vos rivaux, réfugié dans le camp des vaincus, M. Teste, ancien libéral des Cent-Jours et ministre de Louis-Philippe jusqu'à la fin de février 1840, a publiquement reconnu sans hésiter, à peine sorti du Cabinet, que le parti dont le drapeau est *tout blanc* a de profondes racines dans le pays.

M. Garnier-Pagès n'a pas semblé craindre de se tromper en affirmant que, dans le cas d'une dissolution de la Chambre, les réélections, même faites par le corps électoral actuel, donneraient la majorité à l'extrême gauche.

Je ne possède pas les éléments de statistique morale dont j'aurais besoin pour apprécier la justesse de semblables calculs.

Mais je suis sûr de ne pas errer en adoptant cette pensée de la *Gazette de France* « qu'un « gouvernement qui se placerait dans les vrais

« intérêts français, dans les vrais principes, dans
« la gloire et dans la liberté, aurait *toutes les*
« *opinions* pour lui. »

Veuillez y réfléchir, Monsieur, il en est temps;
rendez-vous compte de vos désirs, de votre volonté bien arrêtée; consultez vos moyens et vos
forces; examinez bien à quel point vous êtes décidé à travailler pour les intérêts de notre gloire
et de notre liberté; puis, osez, en restant dans
les limites que tracent la justice et la raison publique.

Vous ne pouvez ignorer les divers jugements
que portent, sur votre avenir et sur la position
que vous venez de vous créer, les partis intelli-
gents et nombreux entre lesquels se partagent
les esprits.

Ecoutez ceux qui prennent le nom de royalistes purs, exclusivement royalistes, attachés au
principe qu'ils appellent celui de la *légitimité*.
Ils s'applaudissent de votre avénement au pou-

voir; ils disent, non pas d'une manière claire et nette, à la tribune, mais quelquefois en d'autres termes dans les journaux qui leur servent d'orga- nes, et souvent sans détour dans l'intimité des con- fidences privées; ils disent : « Voici l'un des deux « derniers ministères possibles. M. Thiers n'est « rien, tant qu'il se borne à suivre le système du « centre gauche; il ne peut espérer une majorité « qu'en s'appuyant sur l'extrême gauche *libérale*; « pour cela, il faut qu'il abandonne les principes « timides et circonspects dont il attribue l'hon- « neur à Casimir Périer, mais qu'un plus haut « personnage réclame, les pacifiques doctrines « qu'un prince nous présente comme le fruit de « son propre génie. Cette épreuve perdra le mi- « nistre du 1ᵉʳ mars; il succombera, parce qu'il « n'aura pas voulu aller assez loin. Après lui « viendra le Cabinet Odilon Barrot; puis l'anar- « chie, puis nous avons l'avenir. Le 1ᵉʳ mars aura « été ainsi le salut de la France : M. Thiers est le « précurseur de Henri V. »

Dans les rangs qui vous sont hostiles, en votre

qualité d'*enfant de la révolution de juillet*, on s'est réjoui du résultat réel des débats du 26 mars. La seule question importante qui soit tranchée par le vote des fonds secrets , c'est la victoire du gouvernement parlementaire et la défaite du gouvernement personnel; c'est là ce que l'on voulait. Aussi, quels cris de joie, quand on a cru voir que la monarchie de juillet venait de rester sur le champ de bataille ! « Nous voici, a-t-on dit, nous « voici dans la position des États en pleine dé- « cadence : il n'y a point de monarchie possible « hors des conditions monarchiques. Les rois qui « cessent de gouverner cessent bientôt de ré- « gner. Nous demandons la réalité du gouverne- « ment parlementaire , parce que ce ministère va « essayer d'en pousser le principe à l'extrême, et « qu'il perdra la révolution de 1830 : nous vou- « lons qu'elle périsse; nous voulons voir surgir « la Restauration. Alors il sera temps de rétablir « l'ordre social qui, en France, ne peut se fon- « der que sur le principe de l'hérédité, sur le « gouvernement personnel du roi. Le gouverne- « ment parlementaire peut marcher avec la mo-

« narchie élective ; mais il ne faut pas que celle-
« ci devienne une monarchie réelle, ayant le
« gouvernement personnel et l'hérédité, qui
« ne doivent jamais appartenir à un roi élu. Nous
« appuierons le système du gouvernement par-
« lementaire, exercé au nom du chef actuel de
« l'État, parce que nous voulons rester fidèles au
« roi que nous attendons. Proclamons avec les
« hommes de 1830 que les majorités sont tout ,
« que la Chambre est souveraine, que le pouvoir
« monarchique n'est plus qu'un pouvoir exécu-
« tif, un pouvoir qui obéit. Ces maximes nous
« conviennent à merveille ; elles amèneront le
« moment où une Chambre souveraine pourra
« déclarer que la France ne veut plus d'un pareil
« système, qu'elle redemande l'ancienne monar-
« chie. Tâchons d'y arriver par la réforme électo-
« rale ; essayons si la majorité réelle de la France
« n'est pas royaliste dans notre sens. Ne regardons
« le régime actuel que comme transitoire, et
« préparons les voies pour l'époque où l'on vou-
« dra sortir de ce régime, afin de revenir à l'an-
« cienne monarchie ! »

Les doctrinaires pensent que la nouvelle combinaison ne tardera point à se montrer tout-à-fait impuissante ; que, dans l'impossibilité de satisfaire les fractions des divers partis sur lesquels vous comptez, vous serez bientôt acculé dans une impasse dont vous ne pourrez sortir. « En Eu- « rope, disent-ils, on compte trois endroits où « s'agitent les grandes questions politiques : Lon- « dres, Paris et Saint-Pétershourg. Pour la ques- « tion qui nous occupe aujourd'hui, Saint-Pé- « tersbourg est trop loin ; à Paris, on bavarde ; on « décide à Londres et on agit. M. Guizot y est « allé chercher le pouvoir. M. Thiers perdrait la « France. Elle n'avait besoin, *tout au plus*, en « 1830, que de changer de dynastie, sans rien in- « nover. M. Thiers établit maintenant la supréma- « tie d'un seul pouvoir sur les deux autres que re- « connaissait la Charte de 1815. La Chambre des « Députés domine seule ; en elle seule réside la « souveraineté ; elle réduit à rien la pairie et la « royauté. Avec ses volontés essentiellement mo- « biles, c'est la Chambre des députés qui est

« roi. La pairie ne sera plus qu'une Chambre
« d'enregistrement pour les édits bursaux. Il
« n'existe qu'une seule véritable Chambre légis-
« lative : nous voilà revenus à la constitution de
« 1791. M. Guizot sauvera la France : il lui ou-
« vrira les yeux sur les dangereuses théories de la
« gauche ; et la royauté, retrempée par les der-
« nières épreuves, reprendra sa force. »

Les républicains s'imaginent, Monsieur, que
vous allez servir peut-être avec ardeur, avec
énergie, franchise et conviction, la cause de la
révolution de juillet, comprise comme l'enten-
daient ceux qui l'ont faite, et non d'après la mé-
thode adoptée par d'autres, qui lui doivent tout,
et qu'on accuse de l'avoir trahie en la caressant
d'une main hypocrite pour l'étouffer. Ces républicains se flattent que vous préparez le triomphe
complet de leurs doctrines, et ils se proposent de
vous soutenir jusqu'au moment où vous aurez
assez ouvert les voies pour qu'ils s'emparent eux-
mêmes des moyens de travailler à nous rendre
notre gloire et notre puissance.

Beaucoup de bonapartistes consentent à passer par la république, si la transition devient une nécessité pour arriver au système impérial; comme les amis de la légitimité prendraient en patience une révolution républicaine, parce qu'elle ne leur paraîtrait jamais que transitoire. Les partisans du glorieux système de l'Empire sont d'accord avec les amis de la branche aînée, de même qu'avec les doctrinaires de 1830, sur un point capital : tous admettent ce principe, que l'ordre social ne peut se consolider qu'au moyen du gouvernement personnel d'un chef de la monarchie, avec de sages institutions nationales, qui élèvent à la fois une barrière contre les abus du pouvoir et contre les dangers de la démagogie.

Au milieu de ce choc d'idées, spécieuses, justes, fausses, exagérées, plausibles; au milieu de cette agitation, de cette lutte passionnée de haines, d'espérances, d'amours-propres, d'intérêts, quelle est, Monsieur, la ligne de conduite que vous indique la prudence? quelle sera votre marche? Il n'est pas difficile de la deviner: elle vous est tracée par le sentiment vrai de votre position.

Vous nous l'avez déclaré, Monsieur, les dissentiments qui vous séparaient de la couronne cessent d'exister : le roi s'est décidé à subir le gouvernement parlementaire; le principe est résolu par votre entrée même au Cabinet.

La majorité actuelle vous appartient; elle s'est engagée à vous, elle vous a proclamé l'homme indispensable.

Fatiguée des continuelles secousses que lui ont fait essuyer tant de révolutions de Cabinet, la France demande la stabilité de votre ministère; et la Chambre, trop souvent dissoute pour de vaines questions, n'aspire qu'à se maintenir avec vous et par vous. Il importe à tous les amis de l'ordre et de la prospérité nationale que l'on cesse le jeu funeste par lequel nos institutions sont menacées d'une complète ruine. On veut que le gouvernement trouve enfin le repos dont il a besoin pour s'occuper de lois utiles, des lois réclamées par nos urgents besoins, des lois matérielles et morales sollicitées depuis si longtemps. Plus de crises ministérielles! Il faut en finir avec ces renversements journaliers de ministères, ces luttes de paroles, ces combats de sophistes et de rhéteurs, ces querelles mesquines et frivoles qui nous arrachent aux affaires les plus importantes, au soin de nos intérêts industriels et commerciaux. Nous ne voulons plus sacrifier à des chimères ou à des utopies nos avantages positifs.

Tout le monde est d'accord pour vous laisser agir dans la haute région de la politique extérieure, parce que chacun sent qu'une fois libre dans vos allures, maître de votre marche, dégagé de tous les liens qui vous ont plus d'une fois entravé, vous saurez aller droit au but qu'il nous importe d'atteindre.

Vous ne voudrez pas, Monsieur, que l'on

conserve encore longtemps le droit de vous demander à quoi bon la Révolution de 1830, et à
quoi bon la nouvelle dynastie, si elles nous
privent des alliances et de la sécurité que nous
offrait l'ancienne monarchie. Vous tiendrez à
honneur de prouver que l'on peut tirer parti de
notre position nouvelle pour fonder sur des
bases solides la puissance de notre pays.

En vain on affecte de redouter les conséquences de quelques démonstrations particu-
lières ou publiques, de quelques-uns de vos
actes qui sembleraient constituer des engagements fâcheux, de discours plus ou moins
positifs par lesquels on vous croit lié à un système que réprouve l'opinion nationale et dont
s'indigne à bon droit notre patriotisme. Je n'aurai
jamais aucune crainte à cet égard. Vous saurez
braver de vaines clameurs pour n'écouter que la
voix de l'Europe éclairée, quand vous aurez acquis la conviction du danger que présenterait
une plus longue persistance dans les doctrines
qui ont pu autrefois vous paraître vraies : on

n'est point versatile pour n'être pas obstiné. Sans avoir peur du reproche de légèreté ou d'in-conséquence, vous rentrerez hardiment dans la bonne voie et vous reconnaîtrez que vous aviez eu tort de vous en écarter. Vous aurez le noble courage de vous honorer de l'aveu d'une faute dont vous mériterez l'oubli par votre empresse-ment à la réparer.

J'en ai pour garant un passage remarquable de votre discours du 24 mars. Vous l'avez dit, Monsieur, vous avez proclamé dans cette grande journée le principe adopté comme règle de votre conduite. « On peut quelquefois traverser un « blâme passager, braver un péril de considé-« ration personnelle, pour arriver à un but « utile. »

Et vous-même vous nous avez rappelé alors plusieurs circonstances de votre carrière poli-tique où vous aviez suivi ce précepte. « En 1830, nous dites-vous, « en 1830 je me suis jeté au « milieu de *l'ordre*, au milieu de ce qu'on ap-

« pelle le parti conservateur, parce que je croyais
« l'*ordre* menacé ; mes convictions m'ont séparé
« de ce parti et m'ont jeté plus tard dans l'op-
« position. »

Cela est parfaitement exact, rigoureusement
historique. En 1829, sous la Restauration, vous
écriviez d'excellents articles pour *le Constitutionnel* dans le sens du vieux libéralisme. Républi-
cain dans *le National* de 1830, vous devîntes
l'homme de la Révolution ; ministériel après
juillet, bientôt nous vous avons trouvé dans les
rangs du juste-milieu ; puis, l'homme d'*ordre* est
redevenu homme de liberté, homme national ;
renversé du pouvoir, il a su rentrer au ministère
par une coalition avec la gauche.

A ce chapitre de l'histoire des variations de
votre politique en matière constitutionnelle,
permettez-moi encore, Monsieur, d'ajouter un
exemple des modifications qu'a subies votre sentiment sur ce qui regarde notre diplomatie
étrangère.

Si, dans un moment d'aberration, il vous sembla que la France devait adopter l'alliance anglaise, et si vous continuez de professer jusqu'aujourd'hui cette doctrine dangereuse et fausse, il n'en est pas moins vrai qu'autrefois, dans *le National* du 4 février 1830, dont vous étiez à cette époque le rédactèur en chef, on avait lu des paroles qui nous laissent l'espoir d'un retour à de saines idées. Pourquoi le ministre de 1840 ne finirait-il pas un jour par se rallier au sentiment de l'habile publiciste de 1830, qui s'exprimait en ces termes :

« Quel est le principe le plus élémentaire de
« notre politique? C'est de se servir, contre la
« tyrannie du plus fort, du concours des puis-
« sances du second ordre. La Russie et la Grèce,
« puissances maritimes du second ordre, sont
« intéressées à joindre leur marine à la nôtre
« pour détruire la menaçante puissance navale
« de l'Angleterre, qui peut bloquer les Russes
« dans le Bosphore et faire pourrir nos vaisseaux
« dans nos ports. *L'intérêt évident de notre po-*

« *litique* exigerait donc que nous nous entendis-
« sions avec la Russie; *l'intérêt de notre com-*
« *merce* nous conseille aussi la même chose que
« l'intérêt de notre politique. »

Vous disiez vrai alors, Monsieur; et ce qui
était exact et juste, à cette époque, le devient encore plus aujourd'hui. L'intérêt de notre commerce et celui de notre politique s'opposent au
maintien de l'alliance imprudente que nous
avons contractée avec le cabinet de Saint-James.

L'Angleterre nous a toujours fait entendre, par
les missionnaires chargés de propager ses doctrines, qu'en fermant ses ports à l'industrie des
autres peuples elle n'en réclame pas moins le
droit d'exiger que les frontières de tous les pays
restent constamment ouvertes aux produits de
ses manufactures. Partout elle cherche à étendre
sa domination commerciale et maritime.

C'est dans cet intérêt seul que l'Amérique mé-
ridionale s'est vu entraînée à des révolutions

anarchiques. L'indépendance de tous ces États, reconnue par le Cabinet de Saint-James, consommait la ruine de la marine marchande espagnole; il n'en fallait pas davantage pour leur donner des droits à l'appui de la Grande-Bretagne.

Là aussi est tout le secret du système libéral et des prétendues sympathies constitutionnelles qui ont assuré cet appui à la fille de Ferdinand VII. Les idées que l'on connaissait à don Carlos ne promettaient aucun succès aux vues des marchands de Londres.

La reine de Portugal ne doit qu'aux mêmes raisons mercantiles une protection oppressive dont son peuple déjà tente de s'affranchir.

Et d'où vient la haine de l'Angleterre contre la Russie? Pourquoi le cabinet de Saint-Pétersbourg est-il toujours en butte aux accusations les plus absurdes, que propagent sur le continent les feuilles soudoyées par nos alliés d'outre-mer? A les entendre, la Russie voudrait écraser l'Europe sous le poids du plus intolérable despotisme politique. En réalité, les torts de l'autocrate se réduisent à ne pas vouloir subir, soit chez lui, soit dans l'Orient, les tyranniques lois des comptoirs anglais. Rivale redoutable du commerce britannique, la Russie maintient un droit qu'on ne saurait lui contester. Elle oppose un tarif prohibitif aux envahissements de l'étranger; en augmentant ses forces navales, elle se livre aux soins qu'exige sa propre sûreté; elle unit ses intérêts aux intérêts de l'Amérique du Nord et à ceux de la Hollande; elle continue de partager les anciennes convictions de l'empereur Alexandre, qui ne croyait point à la possibilité d'établir et de conserver la paix européenne si l'on ne mettait obstacle aux entreprises de l'avidité anglaise et au monopole qu'elle s'arroge. La Russie aspire à se charger de l'honorable rôle que la France de 1830 n'osa pas réclamer. La Russie ne songe ni à écraser notre continent, ni à s'emparer de la domination suprême en Asie; elle veut marcher à la tête des nations qui demandent à conserver leurs avantages naturels et légitimes, pour en jouir en travaillant à la prospérité particulière dans un but d'intérêt général, et secouer, de commun accord, le joug d'un Cabinet insolent et rapace; elle voit et elle comprend que ce Cabinet cherche à détruire une à une toutes les forces des peuples voisins, avant que ces forces n'aient le temps de se réunir. C'est ainsi que l'Angleterre a voulu anéantir le royaume des Pays-Bas; c'est ainsi que bientôt, peut-être, nous la verrons, n'importe sous quel prétexte ou même sans qu'elle daigne alléguer un prétexte, s'approprier les colonies qui restent à la Hollande; coup funeste que le chef de la maison d'Orange n'aura pu qu'ajourner en se laissant arracher la signature qui le dépouille de ses plus belles provinces, pour les constituer en préfecture maritime et coloniale sous l'administration d'un proconsul britannique.

Et l'on voudrait que la France de 1840 se laissât traîner plus longtemps à la remorque du machiavélisme anglais! Et c'est *le Courrier Fran-*

çais, un des organes du Cabinet actuel, feuille naguère citée encore avec égards, qui rivalise avec le *Journal des Débats* pour nous prêcher une croisade sous le pavillon de l'amirauté de Londres !

Après tout, les oracles du *Journal des Débats* n'ont rien, Monsieur, qui doive gêner votre conduite. Vous ne reculerez pas même devant la formidable feuille qui a pris modestement le titre de *la Presse,* maintenant que, la Cour ayant abdiqué, vous êtes en possession du gouvernement réel, en position de faire entendre et de faire écouter la véritable opinion de la France éclairée, de suivre l'avis de tous les amis de la gloire nationale, avis qui, je l'espère, sera bientôt le vôtre !

Oui, Monsieur, vous adopterez l'opinion que soutiennent tant d'esprits excellents, dont le suffrage *libéral* dans le vote des fonds secrets vous a maintenu au timon des affaires. Ils plaident, non la *cause russe,* mais la nécessité de notre alliance intime avec la Russie. Vos yeux, frappés d'une lumière nouvelle, verront clair enfin dans l'obscur labyrinthe où vous avez eu le malheur de vous égarer. Vous ne répéterez plus cette déplorable phrase de votre discours du 13 janvier 1840, quoiqu'elle vous ait aidé sans doute à rentrer au pouvoir le 1er mars ; vous cesserez de dire à des Français : « Pour que nous dussions nous « décider à rompre l'alliance anglaise, il faudrait « que l'Angleterre eût tous les torts, et que nous « n'en eussions aucun. »

Peu nous importe ce qu'écrit aujourd'hui, ce qu'écrira demain le *Journal des Débats*. Que n'a-t-il pas soutenu, en fait de doctrines politiques, depuis quarante ans ? Il me suffit de savoir qu'à dater du ministère formé sous vos auspices l'organe de l'ancienne présidence réelle du conseil se trouve sans mission avouée ; ce n'est plus dans les colonnes de la feuille du château qu'il faut aller chercher ce que pense le Cabinet. Au gouvernement personnel a succédé le gouvernement parlementaire, dont vous êtes, Monsieur, la simple expression. Je ne m'inquiète donc pas

beaucoup du manifeste lancé par le *Journal des Débats* du 17 mai de l'année dernière, quand il tranchait la question d'Orient. C'était la profession de foi du Cabinet d'alors, entré en exercice le 12 du mois; il se trouvait au cinquième jour de son existence nominale. Successivement fidèle à M. Molé, à MM. de Montalivet, de Montebello et à tant d'autres, le vétéran de la subvention arborait les couleurs de M. Soult, en nous appelant sous les drapeaux de Wellington pour le cas où une guerre aurait éclaté entre le sultan de Constantinople et le pacha d'Égypte, une guerre accompagnée ou suivie d'une rupture entre la Russie et l'Angleterre. « Alors, s'écriait l'au-
« teur du belliqueux article, une fois la lutte en-
« gagée, il n'y a point à hésiter pour la France
« entre l'alliance de la Russie et celle de l'Angle-
« terre. Si l'Angleterre est vaincue, c'en est fait
« de l'indépendance de l'Europe; il n'y a plus
« d'équilibre; les gouvernements représentatifs
« deviennent de grandes municipalités.»

Tendre et touchante sollicitude pour les gouvernements représentatifs!

Je n'ai pas besoin de vous rappeler, Monsieur, que la signature imprimée au bas des trois éloquentes colonnes sur notre immuable système politique était celle de M. Saint-Marc Girardin. Si je m'adressais à un lecteur moins versé dans l'histoire des journaux, je prendrais la précaution de l'avertir qu'il ne faut pas confondre le docte professeur d'histoire littéraire et de poésie avec M. Emile Girardin. Vous, Monsieur, vous connaissez les deux grands publicistes, et vous trouverez tout simple que celui dont je viens de citer les paroles se hâtait d'ajouter, dans sa pieuse sollicitude pour la réputation d'infaillibilité de certain génie inspirateur qui lui dictait de pareils oracles. « C'est *mon* opinion ; cela doit paraître incontestable *selon moi.* » Excellent et digne serviteur ! Il prend tout sur lui, quoiqu'il n'y soit pour rien et qu'il n'entende rien à la question. Ce qu'il y avait d'adroit, de profond, de fine diplomatie dans l'article, ou plutôt dans sa publication à cette époque, appartenait à un plus grand maître, qui ne pérore jamais en Sorbonne, mais qui verse quelquefois ses expédientes pensées, fort peu romantiques, dans le sein de MM. Girardin et autres vases d'élection dont l'*Almanach royal* ne nous donne pas l'inventaire au chapitre du mobilier de la Couronne.

Quand vous aurez amené, Monsieur, le succès définitif du système dont j'espère le prochain triomphe, je ne serai plus embarrassé de rien; je compterai même sur l'approbation du *Journal des Débats*, quoiqu'il ne puisse contracter sous votre ministère les engagements qu'il a remplis, avec une fidélité inaltérable et scrupuleuse, envers les dix-huit cabinets qui se sont succédé coup sur coup: dix-huit, pour ne pas remonter au-delà de 1830. Vous avez solennellement renoncé au blâmable moyen de *corrompre* les journaux, renonciation garantie avec tant de candeur par le rapporteur de la loi des fonds secrets, cet élégant et correct avocat que Paul-Louis Courier, son client malheureux, appelait un jeune homme *bien disant.* Une si belle promesse, en votre nom, a dû entraîner le vote consciencieux de plus d'un honnête conservateur de la morale et de la fortune publiques; mais elle ne nous empêchera pas, vous et moi, et pour bonnes raisons, de compter encore tôt ou tard sur les éloges de l'ancien apologiste des présidences du conseil, quand vous serez parvenu à convertir un éminent personnage, dont l'esprit, comme le vôtre, demeure ouvert à la conviction.

L'être absurde est celui qui ne change jamais. Dès que leur véritable patron se trouvera convaincu de la nécessité de changer le système de notre diplomatie, les docteurs en droit public de la rue *des Prêtres Saint-Germain* changeront de style : on ne manquera pas d'arguments irrésistibles pour obtenir leur tardif appui, et ils reproduiront d'un air satisfait et victorieux cette sentence tombée aussi de la plume innocente de M. Saint-Marc Girardin. « En 1830, si la guerre « eût éclaté, c'eût été une guerre de principes ; et « si l'Angleterre avait pris part à cette guerre en- « tre la vieille et la nouvelle Europe, c'eût été « contre nous. »

Donc !

Vous voyez d'ici, Monsieur, quelle magnifique dissertation nous pourrons envoyer au *Journal des Débats*, quand nous serons tous également décidés à suivre un nouveau plan de conduite. Si, à cette époque, vous n'avez pas le loisir de rédiger un article de fond en faveur du *colosse russe*, je vous offrirai de m'en charger; la façon n'en coûtera jamais rien à personne, et, quant aux frais d'insertion, le budget secret de votre département n'en sera point grevé.

Et pourquoi resterions-nous sous l'influence de nos prétendus alliés de Londres?

C'est une erreur de croire aux alliances de principes; il n'y a, au dehors, que les alliances d'intérêt qui soient réelles.

La nation anglaise, la moins philanthropique des nations de l'univers, la plus spoliatrice, elle qui ne se soutient que par la ruine des pays qu'elle exploite, a-t-elle d'ailleurs, dans son organisation, dans son système de gouvernement intérieur, les éléments et les principes qui puissent établir entre elle et nous cette sympathie politique dont on nous a tant parlé? Peut-on dire avec quelque apparence de raison que, si nous avons adopté l'alliance britannique, c'est parce que l'Angleterre a un gouvernement analogue au nôtre? Nous qui n'avons ni aristocratie de naissance, ni clergé constitué, ni substitutions, ni droit d'aînesse, nous prétendrions exister comme les Anglais! Ils ne respirent que sous des lois ultra-monarchiques; tandis que chez nous le peuple est souverain, et que cette souveraineté ne saurait être exercée que par la royauté sans entraves ou par la démocratie!

Quelle alliance, Monsieur, que celle dont vous étiez contraint de dire, au commencement de 1839 : « Il ne reste plus de l'alliance de notre Ca-« binet avec celui de Saint-James que la politesse « obligée entre deux cours puissantes! »

Et c'est pour conserver une pareille amitié que vous consentiriez à laisser effacer notre nom de la liste des grandes puissances maritimes! Nous serions réduits à n'être plus qu'une puissance continentale, et notre alliée nous interdirait les possessions lointaines! Nous n'aurions plus qu'une politique de concessions sans fin et de sacrifices illimités à l'alliance anglaise! Tel est, littéralement, l'exposé du système que M. Berryer imputait à notre diplomatie, le 25 mars 1839; et dans ce mémorable discours, la parole du grand orateur a paru nationale, même aux Français, qui voudraient le voir siéger à une autre place.

Cependant c'est vous, Monsieur, qui, en combattant le cabinet Molé, il y a une année, demandiez une politique *nationale*, modérée, mais *digne!*

Est-elle nationale et digne, cette politique tant vantée qui nous défend d'exprimer avec énergie notre volonté sur les affaires de l'Égypte, question de vie ou de mort pour la France, tandis que l'Angleterre emploie toutes les ressources de son astucieux génie afin d'empêcher la conciliation entre le pacha et l'empire ottoman! Les Anglais protégent Abd-el-Kader et lui fournissent des armes pour nous détruire par une invasion subite, au moment où il nous croyait sans défense. Les Anglais essaient de nous faire exterminer, d'une manière encore plus sûre, dans l'Algérie, en excitant contre nous Muley-Abderama, l'empereur de Maroc, le chef des *Croyants*, plus révéré des vrais enfants de Mahomet que le sultan de Constantinople dans sa douteuse orthodoxie. Du moment où le prince africain se met à la tête de la *guerre sainte* qu'Abd-el-Kader a invoquée, tous les peuples numides vont se déclarer nos ennemis. Nous voilà menacés alors par de nouvelles forces qui peuvent se jeter sur la province d'Oran. L'allié de l'émir, allié de lord Palmerston, possède une marine qui n'est point à dédaigner. Ses corsaires seront en mesure de porter de rudes coups à notre commerce. Est-il possible de se dissimuler que des agents de l'Angleterre aient provoqué une pareille agression contre nous? Et nous gardons le silence ! Et nous souffrons qu'en attendant des hostilités ouvertes et directes, le Cabinet de Saint-James s'obstine à ne pas reconnaître notre souveraineté en Algérie, et refuse de nous demander notre *exequatur* pour le consul qui réside au chef-lieu de notre conquête sans autre autorisation que celle dont il s'était pourvu auprès de l'ancien Dey !

Toutes ces observations vous ont été adressées, Monsieur, par vos adversaires, à la tribune ; et vous n'avez rien répondu pour en atténuer l'importance.

L'Angleterre nous prépare d'autres embarras, tantôt en Europe, tantôt en Asie. Les nouvelles de la frontière de Perse deviennent chaque jour plus alarmantes : elles amèneront des complications dont la responsabilité pèsera sur la tête des aveugles partisans de notre alliance inconsidérée avec lord Palmerston.

Parlerai-je de nos relations commerciales? des continuelles tentatives du Cabinet de Londres pour nous jouer dans les négociations relatives au tarif des douanes? Le ministère britannique a-t-il consenti à une seule des concessions que nous avons le droit d'exiger? Ne le voit-on pas uniquement occupé du soin d'endormir notre sollicitude et de prolonger le *statu quo*, de gagner du temps, pour favoriser à nos dépens son industrie et son commerce?

Et de quel prix est payée notre confiante longanimité? On répond à notre patience obséquieuse par des insultes officielles. Voyez, Monsieur, voyez les feuilles quotidiennes de Londres, connues et avouées comme les organes du ministère. Elles ne parlent que de la nécessité de réduire le vice-roi d'Égypte et de se frayer un chemin jusqu'à la mer Rouge, sans tenir compte des réclamations que pourrait élever la France. L'un de ces journaux regarde comme impossible de conserver l'alliance qui a existé entre son pays et nous, parce que, dit-il, nous ne pouvons nous dispenser de soutenir l'empire égyptien contre la Turquie et l'Angleterre. L'autre avoue sans détour qu'il ne croit point à notre bonne-foi, à la sincérité de nos professions d'amitié envers l'Angleterre, et il propose de nous traiter en ennemis secrets.

Quoi ! on se flatterait de maintenir la paix générale, au prix des sacrifices que nous impose notre alliance éphémère avec la Grande-Bretagne. La paix ! quand la guerre nous menace partout, au milieu de la situation que l'Angleterre seule nous a faite ! La guerre tombe sur nous, et du fond de l'Asie-Mineure, et des portes d'Oran, et du rivage d'Alger, et des sables de l'empire de Maroc. Cette guerre que nous ne pouvons éviter, quelles que soient vos concessions, est l'œuvre lente, mais sûre, du Cabinet de Saint-James. —

En vain vous l'espérez, Monsieur, vous ne pouvez échapper à la nécessité de revenir sur l'ensemble de notre système.

Au début de votre nouvelle carrière, à votre entrée dans le haut emploi de chef du gouvernement par la Chambre, vous nous avez déclaré que les questions de Belgique, d'Ancône et d'Espagne ont été emportées par le temps.

J'ignore ce que le temps fera un jour de la question d'Ancône; elle tient à celle de la Russie et de la Turquie.

Les affaires d'Espagne me paraissent loin d'avoir obtenu la conclusion finale qu'on se flattait de leur donner quand on eut transformé la ville de Bourges en un second château de Valençay. Je ne crois pas que la révolution espagnole soit en état de se passer de nous. Le parti ultra-révolutionnaire, à Madrid, semble assez puissant pour en appeler quelquefois à la force contre le parti que l'on nomme, aux Tuileries, le parti conservateur et modéré. Un Cabinet français qui voudrait protéger efficacement la jeune Isabelle devrait intervenir en sa faveur à main armée. Vous l'avez toujours voulu, Monsieur, quand vous n'étiez que l'agent d'une suprême présidence du Conseil, sourde à vos vœux. Un de vos amis, de 1836, m'écrivit alors que vous ne seriez jamais exaucé tant qu'un pouvoir supérieur au vôtre continuerait de gouverner, sans se contenter de régner. Aujourd'hui que la face des choses n'est plus à beaucoup près la même dans le Cabinet, pourquoi, Monsieur, ne pas faire intervenir la France dans les affaires de la Péninsule? Ne serait-ce point parce que vous sentez que don Carlos conserve trop de chances de succès, dans un avenir plus ou moins éloigné? Cabrera, tué plus d'une fois par vos gazettes, ne vous paraîtrait-il pas mort assez décidément? ou bien votre conversion au système espagnol de la pensée immuable, au système de la perpétuelle non-intervention en tout état de cause, tiendrait-elle à la conviction tardive, acquise par vous, de la maladresse qu'il y aurait à intervenir au profit de la princesse Isabelle, pour ne servir en définitive que les intérêts du Cabinet de Saint-James, qui, sous le règne de cette branche, exclue par les anciennes lois fondamentales de l'État, exploitera toujours l'Espagne comme une colonie, aussi bien que le Portugal et la Belgique? Aviez-vous besoin, pour ouvrir les yeux, que lord Palmerston vînt se vanter en plein parlement d'avoir soustrait l'Espagne à notre influence? ou bien, est-ce que vous craindriez maintenant d'indisposer quelque grande puissance du Nord, bonne encore à ménager dans l'éventualité d'un mécompte sur les avantages réels de notre alliance anglaise?

Quant à la question belge, elle est encore moins résolue : je ne la vois qu'à la veille de se résoudre. Le temps, qui emporte les choses et les hommes, a pu emporter dans sa course rapide et capricieuse une affaire si grave et d'un poids si considérable; mais voici que le temps, toujours mobile et changeant comme les flots et les Cabinets, nous la ramène, avec tous les embarras dont elle était chargée.

Vous l'avez reconnu, Monsieur; votre discours du 24 mars contient ces paroles : « La propa- « gande, la complicité avec les conspirations « faites en pays étrangers, est un acte de dé- « loyauté, un crime. La propagande chez les au- « tres donnerait aux autres le droit d'en faire au- « tant chez nous. Je suis contre la politique qui « bouleverse les autres États. »

Mais vous ajoutez que, lorsqu'à nos portes,
légitimement, par le mouvement du temps et
les besoins du pays, des révolutions étaient
faites, nous ne devions pas nous montrer indif-
férents à leur égard.

Et vous appliquez vos doctrines à la justifica-
tion de notre conduite dans la question belge !

La révolution de Bruxelles, on l'a dit cent fois,
et le doute n'est plus permis sur ce point historique, la révolution de Bruxelles, faite sans cause
légitime, sans prétexte plausible, non pour les
besoins du pays, mais pour sa ruine, non par le
mouvement du temps mais en dépit de la civili-
sation, des lumières et de l'esprit du siècle, cette
déplorable révolution fut le produit de l'union
monstrueuse du fanatisme religieux et de la démagogie. La révolution de septembre 1830, celle
de Belgique, est fille de notre grande révolution
française comme les septembriseurs parisiens de
1792 étaient fils de Washington et de Franklin.
En faisant cause commune avec des énergumènes

stupides, contre un monarque philosophe et juste, nous avons établi une propagande criminelle, nous avons donné la révolution de juillet pour alliée au plus superstitieux bigotisme, nous avons consacré le triomphe du despotisme anarchique. C'est la France qui a érigé en révolution la mutinerie de Bruxelles. Certes, le premier tumulte, excité par d'audacieux brouillons, eût été bientôt apaisé; les citoyens, sans le secours de la force militaire, seraient bien parvenus eux-mêmes à rétablir l'ordre et à expulser les perturbateurs, si nous n'avions pas envoyé de Paris, au secours de la révolte, les hordes nombreuses qui se jetèrent sur les villes restées dans le calme. Ces bandes, formées sous nos yeux, déployèrent parmi nous, sans aucune opposition de la part de notre police, le drapeau de l'insurrection brabançonne, et allèrent se réunir aux bandes wallonnes de Liége, pour se diriger d'abord sur Bruxelles, puis de là successivement sur les autres localités; elles renversèrent partout l'autorité des lois en protégeant les pillages, les incendies et les massacres. Tout avait été préparé d'ailleurs à Paris, entre des agents belges et des chefs influents de notre nouvelle société politique, dès les premiers jours qui suivirent nos barricades et la révision de la charte française. Une histoire exacte et complète de la Belgique, depuis 1829 jusqu'aux derniers temps de la royauté de Léopold, ne tardera guère à paraître. Je l'ai vu, cet ouvrage, tracé d'une main vigoureuse, buriné, hideux de vérité mais étincelant de lumière; l'auteur dit tout avec une énergie et une clarté rares. Le manuscrit m'a été confié par l'historien, dont je connais le courage, la science, l'esprit d'investigation, de justice et de véracité rigoureuse. Je ne crois pas que son travail obtienne jamais le succès populaire et commercial dont se flatte d'avance, et avec raison, le futur éditeur de votre *Histoire du Consulat et de l'empire*, vaste tableau qui retracera les scènes immortelles d'un drame immense; mais l'écrivain que je vous annonce nous apprendra au moins beaucoup de faits nouveaux ou peu connus. Il attend, m'a-t-il dit, pour publier son livre, l'époque, probablement peu éloignée, où la dernière page pourra

se compléter par cette seule ligne bien simple :
« Telle fut la révolution dont nous voyons enfin
« le terme. » A cet égard je ne suis pas de son
avis. Je tâche de le décider à mettre sous presse
le plus tôt et sans délai, en réservant pour une
seconde édition la dernière ligne, qui, par notre
faute, n'appartient pas encore au domaine du
passé, mais qui ne sera pas longtemps une *ques-*
tion d'avenir.

En attendant que cet avenir se dessine, où en
sommes-nous ? Quel fruit avons-nous recueilli
de tant d'efforts ? Nous avons travaillé pour nos
ennemis, en créant une nation *indépendante* et
neutre.

La prétendue neutralité imposée à la Belgique
est un système contre la France. Vous savez trop
bien, Monsieur, par quels moyens diplomatiques
on a su prendre des sûretés afin que, dans une
circonstance prévue, la Belgique devînt pour
nous une puissance ennemie. Ne comprenez-
vous pas, d'après cette donnée, dont vous con-

naissez toute la valeur, à quel point une bonne alliance avec le roi des Pays-Bas nous aurait mieux convenu pour couvrir nos frontières du Nord?

Et c'est par nous-mêmes, cependant, de notre pleine et entière science, qu'ont été donnés à l'Angleterre les moyens d'établir à nos portes cette vaste forteresse toujours prête à s'ouvrir aux alliés de notre plus redoutable rivale, et cet immense dépôt de ses marchandises et de ses produits manufacturés qui ne cessent d'envahir notre territoire par le secours d'une contrebande protégée chez le vassal de lord Palmerston. C'est après avoir été bien averti, après qu'on l'eût prévenu de l'imminence du péril, que le Cabinet du Palais-Royal consentit à la suzeraineté du Cabinet de Londres sur les provinces de Belgique! Je ne vous le reproche pas à vous, Monsieur; vous n'êtes entré pour la première fois dans les conseils de la couronne que le 11 octobre 1832, et la faute énorme que je signale remonte à l'une des deux premières semaines de la présidence de Casimir Périer, commencée le

13 mars 1831. Cette circonstance m'autorise peut-être à vous retracer quelques détails d'un événement qui peut n'avoir pas été connu de vous, à l'époque même que je désigne ; je les ai appris au moment où le fait venait de se passer, et c'est de Casimir Périer que je les tiens. Il vous sera facile d'en vérifier l'exactitude, en consultant certaines archives.

Au mois de mars 1831, le régent venait de proroger le congrès jusqu'au 15 avril, mais avec l'intention de convoquer cette assemblée sous un plus bref délai. M. Lehon, reçu le 19 mars à Paris comme envoyé auprès du roi des Français, fut chargé, dans l'intervalle, d'exposer aux ministres de ce prince l'embarras où se trouvaient les partisans de la révolution de septembre 1830. C'était à l'époque où l'intérieur s'agitait pour amener la restauration de la maison de Nassau. Le Cabinet du régent n'ignorait aucune des circonstances qui se rattachaient au plan conçu par les Orangistes. Lord Ponsonby n'avait pas encore arrêté, avec M. Lebeau, les bases de la négociation en faveur du prince de Saxe-Cobourg ; le député d'Huy ne se voyait pas mis en possession du portefeuillé des affaires étrangères qu'il convoitait ; son succès comme candidat au ministère paraissait même incertain ; mais ses rivaux, toujours en place, connaissaient les sourdes menées du parti anglais. On résolut donc de tenter un dernier effort pour se soustraire au danger de tomber sous la domination du Cabinet de Saint-James, et M. Lehon reçut à cet égard les instructions les plus précises et les plus positives. Pressés de choisir entre la restauration, qu'ils craignaient personnellement dans ses conséquences immédiates, et une élection dans laquelle ils ne voyaient pas pour eux, chefs temporaires, la certitude absolue d'un avantage aussi grand que celui dont l'avénement d'un fils de Louis-Philippe offrait la perspective aux meneurs du parti français, le régent et ses ministres ordonnèrent à M. Lehon de déclarer à Paris que la Belgique de la révolution avait tout à redouter des Orangistes, plus nombreux et plus hardis que jamais, tant qu'une élection *conforme à ses besoins et officiellement acceptée* ne lui donnait pas pour chef *définitif* et *héréditaire* un prince dont les noms et les alliances présentassent des garanties à l'ordre de choses nouvellement créé; il devenait urgent, ajoutait la dépêche, de mettre un terme aux souffrances du peuple, et on voulait en finir *à tout prix*. On demandait à pouvoir *maintenir*, avec l'espoir fondé d'une acception prochaine, l'élection de S. A. R. le duc de Nemours comme roi des Belges, refusée par son père le 17 février. On recevrait *avec transport* une réponse favorable du seul monarque dont la Belgique pût attendre son salut. Mais, s'il fallait renoncer à cet espoir et à cet appui, ni le congrès ni le régent ne pouvait hésiter à invoquer le secours d'une puissance qui, du moins, voulût mettre obstacle au rétablissement du royaume des Pays-Bas et au retour de la dynastie des Nassau. En désespoir de cause, le Cabinet belge annonçait qu'il se jetterait alors entre les bras de l'Angleterre. En refusant d'accepter, en février, la couronne de Belgique pour un fils du monarque *populaire élevé sur le pavois* après une révolution qui avait donné le signal aux *patriotes* de Bruxelles, sans doute (disait la note expédiée à M. Lehon), sans doute le Cabinet français avait cédé à la crainte d'exciter une guerre continentale; mais cette guerre devait paraître non moins probable dans le cas où la Belgique prendrait le parti d'appeler au trône un prince étranger, *dont l'élection fût contraire aux intérêts de la France*, et où ce monarque, *élu par suite d'un nouveau refus* prononcé au nom du roi des Français, accepterait les offres du congrès en lui apportant l'appui de la Grande-Bretagne.

Telles étaient les pensées que le zèle et la prudence de M. Lehon devaient faire *germer* et *fructifier*. Le diplomate s'acquitta de sa mission, et il fut éconduit. Le président du conseil tenu alors au Palais-Royal ne craignit pas de courir toutes les chances d'une élection comme celle qui eut lieu plus tard, au mois de juin, sous les auspices de l'Angleterre, quoique au mois de mars et à l'époque des remontrances de M. Lehon, personne assurément n'eût stipulé d'une manière expresse la clause d'un mariage de Léopold avec une princesse d'Orléans. Si les Anglais dominent en Belgique, leur puissance ne s'y est donc établie que par la volonté du Cabinet français.

Voilà ce que l'on gagne d'ordinaire, en politique, à se montrer faible et irrésolu.

Maintenant il faut recommencer l'œuvre de la Conférence de Londres : les Belges ne veulent plus du souverain que nous leur avons imposé.

Que demandent-ils?

Deux partis s'offrent à la nation :

Le retour à une combinaison analogue à celle de 1815, moins sa pensée hostile aux intérêts politiques de la France;

Ou, en second lieu, la réunion du pays à la France.

Nous resterons les maîtres de la question et de la décision.

La dynastie Léopoldienne n'a aucune racine dans le pays ; toutes les classes du peuple s'entendent, pour prononcer d'une voix ferme cet arrêt fatal et définitif : « La maison de Cobourg « a cessé de régner en Belgique. »

Le gouvernement hollandais, soit maladresse au moment où il aurait dû agir, soit crainte chimérique de s'aliéner les cœurs d'une partie de la population hollandaise, peu disposée en faveur d'un renouvellement d'union avec les Belges, soit mauvais vouloir chez des agents supérieurs de qui on attendait l'impulsion et dont les vues étroites ont tout ajourné, le gouvernement hollandais a manqué à son premier devoir. Il n'a point encouragé les orangistes impatients d'en finir avec l'usurpation, sûrs du succès, mais retenus par l'honorable crainte de compromettre la cause, de se laisser aller à quelque démarche inopportune, tant que l'on ne venait pas leur

montrer des guides avoués ou leur tracer des
règles de conduite et leur donner le mot d'ordre.
A diverses époques, si le Cabinet de La Haye
avait su vouloir, tout eût été terminé promptement, et l'on n'aurait plus à s'occuper en France
d'un Cabinet de Bruxelles.

Mais, grâce aux fautes des libérateurs éternel-
lement retardataires, Léopold de Cobourg occupe
encore le trône.

Certes, les intérêts de cette famille, même en
les envisageant comme identiques avec ceux de
la maison d'Orléans, ne devraient jamais prévaloir contre la décision que demanderait l'intérêt
du peuple français.

Le retour à la Hollande, mais avec d'autres
combinaisons d'union qu'en 1815, conviendrait
le mieux à la Belgique.

Cet arrangement conviendrait aussi à la France.
Une alliance intime entre nous et l'Etat nouveau
nous assurerait au besoin une coopération ma-

ritime de la plus haute importance ; et cet avantage inappréciable, jamais la Belgique, en admettant qu'elle pût se maintenir, ne saurait nous l'offrir : elle n'a et ne peut avoir de marine, puisque le pays se trouve condamné à la situation de puissance continentale privée de colonies et incapable d'en acquérir.

Si la France croit ne devoir pas souscrire à la reconstruction d'une monarchie forte et heureuse, en faveur des deux peuples aujourd'hui séparés, ou si la maison de Nassau refuse de rentrer en possession des provinces belges, nous sommes en mesure, dès que la question revient à l'ordre du jour, de prescrire le retour de ce pays à notre domination, de reprendre même la frontière du Rhin, pourvu que nous montrions le courage d'avoir une volonté.

Il y a treize mois, je regardais la réunion de la Belgique à la France comme impossible ; et, en effet, les difficultés paraissaient immenses dans la situation de la diplomatie d'alors. Treize mois apportent bien des changements aux systèmes politiques : ce que nous devions refuser au commencement de 1839, nous pouvons l'admettre aujourd'hui, non comme le meilleur parti à prendre, mais comme une décision préférable au dangereux provisoire qui subsistera toujours à nos frontières tant que les provinces belges n'auront pas été rendues à la domination hollandaise.

Pour l'une ou l'autre combinaison, si la France dit : « Je le veux, » la diplomatie européenne gardera le silence. Quelques agents diplomatiques s'éloigneront peut-être de Paris, mais ils ne tarderont point à revenir; et là se bornera l'opposition. Le respect des *faits accomplis*, ce principe nouveau du droit des gens que les dix dernières années ont fondé, qu'elles ont consacré, imposera promptement un frein aux velléités de colère.

Cependant, ne dissimulons pas que le retour de la Belgique sous la domination française présenterait quelques inconvénients. Il y en aurait deux surtout :

La perturbation de divers intérêts matériels, par suite de la concurrence des productions belges, notamment pour nos départements du Nord;

La question religieuse.

Le clergé français, quoique peu partisan de la révolution de juillet, n'est pas pour notre Gouvernement un embarras comme l'est aujourd'hui, pour le gouvernement de Léopold de Cobourg, le clergé belge ultramontain, plus catholique-romain que le pape et le sacré collége.

Ce clergé, remuant, inquiet, maître du pouvoir, n'abandonnerait pas ses doctrines mondaines et religieuses, il ne lâcherait pas sans lutte sa prépondérance politique actuelle. Il pervertirait même jusqu'à certain point le clergé français. A défaut d'instruments d'action, Rome nous laisse tranquilles; mais elle trouverait ces instruments, ils seraient trouvés, le jour où nous aurions acquis les provinces belges. Il y a là un homme, un prêtre, l'évêque de Liége, dangereux par son mérite et par ses relations avec les membres éminents du clergé catholique dans toute l'Europe. Il ne cache pas ses vues. Son influence a suffi seule, en 1830, pour assurer le succès de la proposition, faite au Congrès national, de proclamer la déchéance et l'exclusion de la maison de Nassau. Il vient de se faire accorder, sur les fonds du budget, une dotation magnifique pour un séminaire qu'il a osé annoncer comme la pépinière où seront élevés désormais les candidats pour l'emploi de bourgmestre et pour les places dans les bureaux des administrations municipales.

Les doctrines de liberté, si adroitement exploitées par le clergé de la Belgique, ne l'ont presque pas été parmi nous sous le point de vue politico-religieux.

Là serait le germe de grandes difficultés pour le Gouvernement. Les habiles catholiques belges nous apporteraient en dot ce nouvel embarras.

En indiquant deux moyens de finir la question

belge radicalement, j'ai négligé un troisième expédient : le partage du territoire.

Les Belges repoussaient le partage, dans les premiers temps où l'on négociait à Londres, et on n'aurait pu le leur imposer qu'en blessant aussi les intérêts de la France.

Sans nous offrir les avantages de la réunion complète, le partage nous en laisserait tous les inconvénients, et en nous faisant acquérir d'importantes provinces il nous donnerait celles qui nuiraient le plus aux intérêts momentanés de nos départements actuels du Nord.

Il ne faut pas non plus perdre de vue que l'on ne peut procéder au partage de la Belgique sans abandonner une part considérable aux Prussiens. Et si nous espérons, tôt ou tard, la frontière du Rhin, irons-nous, en augmentant la puissance de la Prusse, augmenter ses moyens de résistance éventuelle à nos projets? Liége et les rives de la Meuse à la Prusse donneraient immédiatement à ses provinces rhénanes une importance et une position industrielle que nous aurions plus tard à respecter. Enfin le partage nous laisse l'immense question d'Anvers. Ce beau port, qui pourrait devenir entre nos mains ou dans celles d'un de nos alliés un arsenal maritime si redoutable pour l'Angleterre, serait complétement annihilé par le partage de la Belgique.

Quoi qu'il en soit, Monsieur, quand il en sera temps, quand la question se présentera, décidez-vous, sans crainte, pour le parti qui vous paraîtra le plus sage, le plus conforme à nos intérêts.

Et alors, dans le cas où vous seriez porté, comme la majorité des Belges, à vous prononcer en faveur de la réunion de leur pays à la Hollande, n'oubliez pas que la Belgique, replacée avec des conditions quelconques sous la main du roi des Pays-Bas, serait un appui pour le roi des Français devenant l'allié de l'autocrate. Aujourd'hui, toujours près de se soulever contre Léopold, dont elle ne veut à aucun prix, elle est un appui pour les révolutions qui pourront éclater en France. Pesez bien cela, et ne vous laissez pas effrayer en vous demandant de quel œil l'Angleterre verrait le rétablissement d'un Etat dont le développe-ment industriel a pu lui porter ombrage et à la chute duquel, sans aucun doute, elle a contribué.

En effet, ou l'Angleterre sera bientôt en guerre avec nous pour d'autres causes, et, en ce cas, ne nous inquiétons pas de son dépit à l'aspect d'un acte qui nous assurera le concours et l'alliance du roi des Pays-Bas;

Ou notre alliance, plus ou moins intime avec le Cabinet de Saint-James, n'est pas sur le point de se rompre, et alors, en admettant que les in-térêts nouveaux de l'Angleterre soient encore les mêmes qu'en 1830, et qu'elle ne prenne point en considération le débouché important que ses produits ont conquis aux Indes hollandaises par suite de la révolution belge, il est permis de croire que le rétablissement du royaume des Pays-Bas, sous une forme nouvelle, ne deviendra pas, pour le Cabinet de Londres, une cause de rupture avec nous.

Si l'Angleterre cherche à ménager notre alliance, qu'elle a le plus grand intérêt à maintenir, elle y sacrifiera plus d'une question du genre de celle que je traite en ce moment.

Le désir de ne pas nous brouiller avec les Anglais ne doit pas plus nous retenir quand il s'agit des Pays-Bas, qu'il ne peut nous engager à céder sur l'affaire de l'Orient.

Abandonnerons-nous Méhémet pour plaire au Cabinet de Londres? assurément non. Eh bien! là nous blesserons bien plus vivement l'Angleterre qu'en Belgique. Et cependant, pour l'Egypte même, les Anglais nous laisseront les maîtres d'agir, parce qu'en définitive la France peut ce qu'elle veut. Elle tient entre ses mains le sort de l'Europe; elle est libre de conserver ce qui se trouve établi, ou de placer les sociétés politiques dans de nouvelles conditions d'existence.

Cette conviction nous a manqué depuis 1830. On a commis la faute de la détruire; on a inspiré à la nation la crainte de l'étranger : de cette fausse terreur on s'est fait un moyen de gouvernement. C'est ainsi qu'on a maintenu le pouvoir; et tandis qu'on travaillait en ce sens les esprits du peuple français, on effrayait l'étranger par la crainte de l'intérieur: autre moyen qu'on exploitait avec habileté.

Mais ces considérations nous mèneraient trop loin. Je résume le chapitre de la Belgique, en vous répétant, Monsieur :

« Ne perdez point de temps pour examiner à fond la situation de la Belgique. Songez à vous en occuper comme d'une question arrivée à sa maturité ; question urgente, pleine de menaces et de dangers. »

L'ordre des choses établi à Bruxelles par les traités ne saurait se maintenir. C'est un point sur lequel il n'y a qu'une voix en Europe, dans le cercle qui se compose d'observateurs éclairés, accoutumés à recueillir et à peser les renseignements politiques dont l'ensemble peut servir de base aux opinions et à la conduite d'un véritable homme d'état.

La ruine des intérêts matériels, amenée par la création de ce royaume sans consistance , aurait suffi seule pour décider la chute de la royauté de Léopold, et pour anéantir la prétendue indépendance de la Belgique, cette chimère des dernières années. Mais, comme je vous l'avais dit en 1839, ce trône, qui s'écroule sous le poids des désastres commerciaux et financiers, ne pouvait se soutenir davantage contre la force de la désaffection générale et au milieu des affronts et de la honte.

Je ne vous présenterai pas de nouveau les développements auxquels je me suis livré dans une lettre précédente. J'ai eu souvent le malheur ou le bonheur d'être prophète. Le vote des 24 articles, devenus définitifs en 1839, a été, ainsi que je vous l'avais annoncé, la démission de la révolution belge : ce vote fut un suicide moral.

Depuis que l'œuvre de misère et d'iniquité s'est trouvée accomplie par le Cabinet de Bruxelles, complice de la Conférence de Londres, les plus vives protestations n'ont cessé de s'élever des rangs de toutes les classes du peuple belge, victime de l'égoïsme des princes.

Quoi que vous en ayez pu dire, Monsieur, dans nn éloquent discours, il y aura toujours entre les États, non moins qu'entre les particuliers, une cour suprême qui décidera souverainement de la valeur des contrats ; et, pour n'être pas judiciaire, cette cour n'en prononcera pas moins des arrêts qui s'exécutent. Les nations rendent leurs sentences contre les décisions diplomatiques, et tout peuple est compétent quand il prononce l'incompétence d'un prétendu arbitre étranger.

Ma première lettre à votre adresse fut distri-

buée au moment où allaient s'ouvrir en Belgique
les débats solennels sur le honteux traité dont
le Cabinet du roi Léopold était impatient d'obtenir l'approbation en vertu d'un acte législatif,
qui autorisât le sacrifice de la prospérité nationale aux intérêts d'une dynastie importée de
Londres. A cette époque j'eus soin de vous ex-
pliquer, Monsieur, comment l'adoption des articles imposés aux Belges devait entraîner la
chute complète de ce malheureux pays. Les articles furent votés, grâce aux efforts du parti de
la Cour. On consacra dix-huit longues séances à
la discussion; en résultat effectif, Léopold ne
l'emporta qu'à la minorité des voix émises par les
mandataires sérieux du peuple. Après une infi-
nité d'intrigues et de manœuvres, après l'emploi de tous les moyens d'intimidation, après
mille mensonges pour arracher à la chambre
quelques suffrages honnêtes, la loi sollicitée au
nom du monarque fut adoptée par 58 membres
contre 42, majorité de 16 voix; mais parmi les
approbateurs se trouvèrent 18 votants dont le
suffrage ne doit pas compter à nos yeux : 18 mi-

nistres, soit ministres actuels et à portefeuille, soit ministres d'état ou ex-ministres qui se remettaient sur les rangs, ou candidats désignés pour les portefeuilles vacants et déjà fonctionnaires supérieurs amovibles. Restait donc une minorité véritable de 2 voix pour le traité qui devenait la loi du pays!

Dix mois à peine s'étaient écoulés après ce triomphe de la couronne, quand un des représentants belges les plus distingués parmi les partisans de la révolution de sa patrie en 1830, rappelait en ces termes, à la chambre où il siége, les résultats de la faiblesse qu'on avait montrée dans une occasion si décisive : « Quelle a été la « conséquence du fatal traité du 19 avril 1839 ? « Honte, mépris au dehors; découragement, mi- « sère à l'intérieur. On vous l'avait dit, que la « Belgique serait victime. Vous avez voulu sau- « ver notre nationalité, comme si l'on ne savait « pas qu'une nationalité qui s'abaisse devant « toutes les volontés est une nationalité perdue! « Vous avez voulu sauver notre industrie; comme

« si l'on ne savait pas que notre industrie est
« frappée au cœur, et que le peu qui en reste c'est
« sur des ruines qu'il faudra le relever ! »

Ma lettre datée du 28 février 1839 vous avait
prédit, Monsieur, votre immanquable et prochain
retour au pouvoir. Sans hésiter, j'annonçai alors
que vous étiez réservé encore à de hautes destinées. Je ne cessai jamais d'espérer en votre avenir. Je regardais comme impossible, même sans
avoir prévu le ministère du 12 mai, votre absence
longtemps prolongée des conseils de la Couronne,
qui devait sentir bientôt le besoin de s'appuyer sur
votre activité intelligente. J'écrivis donc au futur
ministre, au futur président d'un nouveau cabinet, plutôt qu'à l'orateur siégeant aux bancs de
l'opposition. Ce fut au chef prédestiné du gouvernement, à l'héritier présomptif du trône parlementaire, que j'adressai mes doléances, trop
justes et trop légitimes, sur l'inconcevable conduite que nous avions tenue, de complicité avec
l'Angleterre, ou plutôt comme dupes de la politique anglaise.

Riche de précieux renseignements, recueillis au moyen d'une correspondance toujours sûre, je vous fis connaître les sources auxquelles je puise mes informations sur le véritable esprit d'un pays que j'habitai sous le règne de Napoléon, et où j'ai conservé tant d'amis.

Je vous assurai qu'à peine rentré au pouvoir, fût-ce même avant 1840, vous verriez la royauté belge à l'agonie ; et je vous félicitai de trouver alors, pour me servir de votre expression, une question *énorme* supprimée en Europe. Ce fut une faute énorme, que la création de ce pouvoir ; et jamais la politique des souverains ne commit un acte de cette énormité. Je vous promis que bientôt, Monsieur, vous auriez à travailler sur un meilleur thème.

Je vous démontrai que le retour des princes de la maison de Nassau dans la Belgique, délivrée de ces Cobourg qui s'impatronisent partout, et dont, nous aussi, nous avons à subir l'odieuse importation, ne présenterait aucune espèce de danger pour la dynastie d'Orléans ni pour la France, et que la question ne peut avoir absolument rien de commun avec la restauration de la branche aînée des Bourbons, ou avec l'avenir de la République et avec les espérances de l'Empire.

J'avais pris en considération le cas, facile à prévoir, où une partie notable de la population en Hollande se prononcerait contre le projet d'essayer de nouveau la fusion *intime et complète* des deux anciennes parties du royaume des Pays-Bas, et je m'étais hâté d'indiquer un arrangement propre à concilier bien des difficultés liées à des circonstances locales ou temporaires. Il me paraissait, toutefois, que, sans nous embarrasser de ces détails, nous pouvions laisser aux parties intéressées le soin de s'entendre sur les bases de tout traité qui leur conviendrait, ainsi que sur les moyens de consolider l'ordre public, la prospérité nationale et l'avenir des deux pays, attendu qu'il nous importait avant tout de détourner les périls dont nous menaçait, dans notre propre avenir, la conclusion hollando-belge, d'après le sens des protocoles.

J'affirmai que l'acceptation d'un pareil traité plaçait les habitants du royaume de Léopold dans la nécessité de solliciter bientôt, soit le partage de leur territoire entre les puissances limitrophes, soit sa réunion intégrale au territoire actuel de la France, du moment où il ne lui serait plus permis d'espérer le rétablissement du royaume des Pays-Bas ou un retour vers la Hollande sous des conditions nouvelles.

J'ajoutai que, dans cette affaire comme en beaucoup d'autres, nos ministres froissaient les sentiments légitimes et nationaux de la France, et que la paix extérieure, dont on se flattait d'avoir affermi les bases, n'aura ni solidité ni durée.

Je persiste dans mes conclusions prises en connaissance de cause il y a quatorze mois.

Sans les développer de nouveau en ce moment,

et sans leur donner l'appui de toutes les considérations que pourraient me fournir bien des circonstances récentes, je me suis borné à retracer,
Monsieur, quelques-unes de mes idées, en vous
adressant, au premier moment où je vous trouve
raffermi à votre poste, une seconde lettre pour
me rappeler à votre souvenir. Elle n'est jusqu'à
un certain point que le sommaire ou la table rai-
sonnée des matières qui seront traitées plus tard.

Pour cette seconde missive, je m'adjuge et j'ac-
cepte d'avance les conditions sous lesquelles je
vous avais fait mon premier envoi. Je la confie
aux soins d'un imprimeur; je signe à la plume et
en toutes lettres, d'un nom qui vous est bien
connu et que vous aimez à prononcer avec esti-
me, l'exemplaire dont je vous fais hommage. Cette
signature est remplacée, pour le reste du tirage,
par les douze astérisques mystérieux qui figurent
le nom de l'auteur, publiciste peu curieux de
l'approbation ou de la censure de nos aristar-
ques de journaux plus ou moins bénévoles en
raison des couleurs que l'on arbore. Vous me

permettez, Monsieur, de mettre le public dans la confidence des confidences dont vous aurez eu la primeur. Vous n'assumez pas la responsabilité des paroles que je vous adresse; et vous me répondrez quand vous n'aurez absolument rien de mieux à faire, ne fût-ce que pour donner à mon amour-propre la satisfaction de savoir avec certitude que j'ai trouvé au moins *un* lecteur.

Je vous prie d'agréer, Monsieur, les nouvelles assurances de ma haute considération et mes salutations affectueuses.

* * * * * * * * * * * *

Paris, le 12 avril 1840.

P. S. Je venais de terminer ma lettre, quand les journaux de ce matin m'ont apporté l'exposé des motifs d'un projet de loi qui demande à la fois tous les crédits supplémentaires pour l'exercice actuel.

Cette demande, présentée à la Chambre des députés dans la séance du 11 avril, avait été précédée, le matin même, du rapport sur le projet de loi relatif à la conversion des rentes, rapport qui nous apprenait déjà que le budget de 1840, sans compter les crédits supplémentaires, se trouvait menacé d'un déficit de 18 millions, tandis que le budget de 1839 avait éprouvé un déficit de 6 millions, et que tous les deux étaient obligés, en outre, d'emprunter à 'la réserve de l'amortissement la dépense des travaux publics.

Les crédits supplémentaires dont le nouveau Cabinet a besoin pour 1840 s'élèvent à près de 31 millions (30,733,344 francs 9 centimes, ni plus ni moins).

Je n'aurais pas dit un mot sur cette question de chiffres; je savais trop bien que, sous le rapport de l'augmentation des charges, nous sommes toujours en voie de progrès. C'est un parti pris : le *déficit* et la Charte seront désormais une vérité.

Mais à peine M. le ministre des finances a cessé de parler, que M. le président du conseil prend la parole, pour ajouter encore à toutes ces sommes celle de 1,500 mille francs supplémentaires, *qu'exige une circonstance imprévue* survenue dans le blocus de la Plata.

Ici, je me vois forcé de revenir sur un passage de ma lettre, dans lequel il s'agissait de la *propagande* que l'on nous reproche d'organiser quelquefois contre les gouvernements quand ils ont à combattre des révolutions.

Nous avons renforcé le blocus de la Plata, pour obtenir satisfaction dans les différends survenus entre nous et la république de Buenos-Ayres. Maintenant on ajoute que, s'il le faut, d'*autres moyens* seront joints à ceux du blocus. Buenos-Ayres ayant, nous dit-on, poussé *au désespoir* les États de Corrientes, d'Entre-Rios, ceux-ci ont secoué le lien fédéral *qui les unissait à un gouvernement injuste*, et nous leur prêtons une *assistance utile*. Nos *agents*, placés sur les lieux, ont fait des dépenses pour cet objet. Afin de fournir à *des besoins imprévus*, ces agents avaient reçu

300,000 fr. , pris sur un crédit extraordinaire de *fonds secrets* ; *entraînés par les circonstances*, ils ont dépensé 1,200,000 fr. de plus, tirés sur le trésor public. Les traités d'Amérique arrivent, et il faut encore s'attendre au moins à une dépense ultérieure de 300,000 fr. Rien de plus clair ; voilà 1,800,000 fr. bien évidemment dépensés par des *agents secrets*, qui se sont conduits d'après l'*esprit de leurs instructions*, et qu'il ne faut pas *désavouer*. Mais n'est-ce pas là un nouvel acte de cette propagande, flétrie dans le discours du 24 mars, comme une déloyauté ? J'en ai peur. Cependant, pour être juste, je reconnais que la responsabilité du passé ne retombe pas sur le Cabinet actuel, et je prends acte de la déclaration qui termine l'exposé des motifs de la loi, régulatrice de cette irrégularité, puisque le nouveau ministère, tout-à-fait innocent, nous assure que des instructions *précises*, en date du 9 mars, préviendront, pour l'avenir, les sacrifices *de cette nature*, dont il a sans doute reconnu l'immoralité, comme j'ai proclamé l'immoralité de notre propagande révolutionnaire en Belgique.

Je suis moins tranquille sur un autre fait parvenu à ma connaissance aujourd'hui même : il ne s'agit pas là de *propagande* française, mais d'une de ces manœuvres britanniques auxquelles jamais le ministère anglais, dans son intrépide endurcissement, n'a renoncé par des déclarations authentiques et solennelles en pleine assemblée parlementaire. Des informations venues de bonne source m'apprennent qu'au premier acte de vigueur de la part du gouvernement napolitain contre les mesures de violence dont le menace l'Angleterre, sous prétexte du monopole des soufres, on verra éclater en Sicile une révolution préparée de longue main, grâce aux soins d'habiles agents, très connus des hommes d'Etat qui se disent les meilleurs de nos alliés. Interviendrons-nous en faveur de S. M. le roi de Naples? ou bien verrons-nous avec faveur, et sans nous inquiéter de l'Autriche, une révolte à Palerme, et l'établissement d'un autre petit royaume pour quelque nouvel usurpateur protégé par le cabinet de Saint-James?

C'est aujourd'hui encore que l'on trouve, dans les journaux du matin, le rapport de M. le duc de Broglie sur le projet de loi relatif aux fonds secrets. Les convenances ne me permettent pas de m'étendre sur ce document, présenté hier à la Chambre où j'ai l'honneur de siéger. Mais rien ne doit m'empêcher de reconnaître que je n'ai pas trouvé, dans ce rapport, la preuve irrécusable des sentiments supposés au noble rapporteur, cité comme le ferme appui du cabinet formé le 1er mars. Les paroles de M. le duc de Broglie, prononcées devant ses collègues réunis, m'ont rappelé involontairement une phrase, moins solennelle, qu'on lui attribue peut-être à tort quand on prétend qu'il a dit dans un salon : Si M. Thiers penchait trop vers la gauche, je lui ôterais à l'instant les deux ministres *que je lui ai donnés* (MM. de Rémusat et Jaubert).

www.ingramcontent.com/pod-product-compliance
Lightning Source LLC
Chambersburg PA
CBHW051234030726
47595CB00003B/906